LES

CHRÉTIENS

D'ORIENT.

PARIS. — TYPOGRAPHIE DE FIRMIN DIDOT FRÈRES, RUE JACOB, 56.

LES

CHRÉTIENS

D'ORIENT,

SCÈNES POÉTIQUES

EN TROIS PARTIES.

PAR M. ED. L. DE L.

———

PERISSE FRÈRES, LIBRAIRES-ÉDITEURS,

<table>
<tr><td align="center">PARIS,
NOUVELLE MAISON
RUE DU PETIT-BOURBON, N° 18,
angle de la place St-Sulpice.</td><td align="center">LYON,
ANCIENNE MAISON
GRANDE RUE MERCIÈRE, N° 33,
en face de l'allée Marchande.</td></tr>
</table>

1847.

Dans les âpres rochers de la moderne Épire,
L'histoire a recueilli les scènes qu'on va lire.
Des chrétiens d'Orient là les débris sacrés
Pour la gloire du Christ périssaient massacrés.
Victimes et martyrs, ces peuplades guerrières,
En confessant leur foi, succombaient tout entières...
Mais le cri de ce sang lâchement répandu
Par leurs frères en vain n'était pas entendu :
Ce cri de mort devint un hymne d'espérance,
Et la Grèce lui dut un jour sa délivrance.

Voici les noms qu'ici mon chant rappellera :
KITZO père de MARC, et sa fille SARAH,
SALEM et ZAVELLAS, MOSKA qui fut leur mère,
DANIEL prêtre.
— Dieu m'inspirera, j'espère !

LES
CHRÉTIENS
D'ORIENT.

PREMIÈRE PARTIE.

Site sauvage; escarpements, bois touffus, ruines antiques. — Nuit faiblement éclairée par la lueur lointaine d'un incendie.

SCÈNE PREMIÈRE.

SALEM, *une torche allumée à la main.*

Ils m'ont suivi. J'ai pu les sauver... O mon Dieu !
Je te bénis !... Sarah reconnaîtra ce lieu.
(*Il disparaît derrière les rochers.*)

SCÈNE II.

KITZO, SARAH, *accablés de fatigue ;* **SALEM**,
caché.

SARAH, *soutenant son père.*
La nuit nous est propice.

KITZO.

Oui, son ombre orageuse
Dérobe aux Albanais notre fuite honteuse...
Fuir !... j'aurais préféré périr avec mon fils.

SARAH, *écoutant.*

Leurs cris cessent.

KITZO.

Tous sont donc morts ?... Je leur survis,
Moi leur chef !... Ah ! ma fille !

SARAH.

Ici tout est tranquille.
Avançons ; hâtons-nous de chercher un asile.
Sous l'abri des forêts, dans le lit des torrents,
Guidés par le Seigneur, cachons nos pas errants.

KITZO.

Allons.

SARAH.

Du Zalongos je reconnais la cime ;
L'Achéloüs bouillonne au fond de cet abîme.

KITZO.

Tu gravissais ses bords si dangereux la nuit,
Faible enfant, sans trembler.

SARAH.

C'est Dieu qui nous conduit.
Vous l'avez vu, mon père, une lumière, un ange
A marché devant nous.

KITZO.

O vision étrange !

SARAH.

Dieu, qui dans tous les temps a veillé sur les siens,
Dieu prêtera sa force aux malheureux chrétiens.

KITZO.

Vois, l'incendie au loin brille au travers des ombres.
Le massacre s'achève au milieu des décombres.

(*Il s'assied.*)

SARAH.

Que tardez-vous?

KITZO.

Sarah, c'est pour toi que j'ai fui...
Mais Ali saura bien nous atteindre aujourd'hui.

SARAH.

Espérons; un miracle a sauvé votre vie.

KITZO.

Par un miracle aussi tu ne m'es pas ravie.
Mes yeux m'ont-ils trompé? Certains d'être immolés,
Nous venions d'échapper à nos toits écroulés;
Ali nous poursuivait; je regagnais les flammes,
Je voulais te cacher à lui... Ses mains infâmes
Ont déchiré ton voile, et, t'arrachant à moi,
Il écartait le fer que je levais sur toi.
Que pouvait un vieillard?... Avec un cri de joie,
Riant de ma faiblesse, il entraînait sa proie;
Tu m'appelais... Salem (j'ai reconnu l'ingrat),
Salem, le front souillé du turban renégat,
Au lâche ravisseur soudain t'a disputée...
A ton père est-ce lui, lui! qui t'a rapportée?

SALEM, *sé montrant tout à coup, éclairé par sa torche.*

C'est lui.

KITZO, *se levant avec horreur.*

Salem !

SARAH.

Salem !

KITZO.

Qui vois-je devant moi?

SALEM.

L'homme à qui tu dois tout.

SARAH, *effrayée.*

Mon père !

KITZO, *à Salem.*

A son effroi,

Traître, tu peux juger de ma reconnaissance.
Maudit soit ton secours, s'il faut que ta présence
De l'avoir accepté vienne ici nous punir !

SALEM.

Vous maudissez... Kitzo, vous devriez bénir.

KITZO.

Je préfère la mort des mains de l'infidèle
Au secours que m'apporte un apostat rebelle.

SARAH, *à Kitzo.*

C'était lui !...

KITZO, *à Sarah.*

S'il osait... il s'en repentirait...
Ce fer que j'ai gardé pour toi t'immolerait...

(à Salem.)

Déserteur des lieux saints où dorment tes ancêtres,
Oses-tu t'y montrer?... La chaîne de tes maîtres
A leur suite sans doute y traîne, malgré lui,
L'esclave renégat que j'y vois aujourd'hui?...

SALEM.

Oui, j'ai fui ma patrie. Abhorré de mon frère,
Toujours blâmé par vous, et peu cher à ma mère,
Fuir était un devoir. Auteur de tous mes maux,
L'amour m'y préparait des supplices nouveaux.
J'aimais Sarah!... j'étais l'âme de la famille;
Zavellas fut choisi par vous, par votre fille,
Par ma mère... Au moment de ce nœud détesté,
On eût peut-être vu l'autel ensanglanté...
Ce frère m'insultait par sa joie insensée;
Son nom redit partout fatiguait ma pensée;
On n'aimait que lui seul... Mille fois devant lui
Mon poignard sous ma main a frémi... Si j'ai fui,
Qu'on l'accuse.

KITZO.

Et sans doute, implacable victime,
Ta fuite t'imposait l'infamie et le crime?
Pour te venger des lieux témoins de ton malheur,
Tu viens à leur désastre insulter en vainqueur?
Devant ton Dieu trahi, dans ta haine jalouse,
Tu viens à Zavellas disputer une épouse?...
Est-ce pour la livrer au maître que tu sers?

SALEM.

Ai-je bien mérité ces reproches amers?
Votre fille... pour vous lorsqu'elle était perdue,
Cette nuit, à vos bras quelles mains l'ont rendue?
Fatal aveuglement qui, m'accusant toujours,
M'impute à crime tout, et même mon secours!
Quoi! j'ai sauvé du meurtre et la fille et le père,
Et je suis un objet d'horreur?... et, pour salaire,
L'une m'offre sa haine et l'autre son courroux?...
    (Avec désespoir.)
Adieu.

KITZO.

Tu vas combattre encore contre nous?

SALEM.

Oui, je vais reparaître au fort de la mêlée,
Lever sur des chrétiens cette main désolée,
M'exposer à leurs coups, et, toujours mal jugé,
Sauver d'autres ingrats pour en être outragé.

KITZO.

Que dis-tu?

SALEM.

    Ce turban ne fait de moi qu'un traître.
Maudissez donc... plus tard vous bénirez peut-être.

KITZO, *l'arrêtant.*

Écoute. Espères-tu jusqu'au bout m'abuser?
Sombre et rêveur, ici je t'ai vu refuser
Tout plaisir, tout ami, pour vivre solitaire;
Ta trahison déjà s'entourait de mystère.

Te voilà musulman, toi par nous allaité
Du saint amour du Christ et de la liberté,
Toi si brave au milieu des braves de l'Épire,
Toi désigné pour vaincre ou trouver le martyre
Par mon fils Marc... Ton front, à ce grand souvenir,
Se cache à mon regard, qu'il ne peut soutenir...
Vous nous guidiez : Ali, maître de nos campagnes,
Vit périr son armée au pied de ces montagnes;
Femmes, enfants, vieillards, pour la cause de Dieu
Levés comme un seul bras, combattaient en tout lieu;
Et par le fer, le feu, le nombre, la famine,
En vain Ali vingt fois tenta notre ruine;
L'herbe de nos rochers apaisait notre faim,
Tout servait de défense et d'arme à notre main :
Les cèdres arrachés, les roches ébranlées,
Lui portèrent la mort au fond de ces vallées.
Chez cet Ali, ton cœur, de vengeance épuisé,
Au bruit de nos malheurs ne s'est donc pas brisé?

SALEM.

Oui, le barbare au loin disperse vos familles;
Il livre à ses soldats vos femmes et vos filles;
Les captifs mutilés, messagers de terreur,
De cités en cités attestent sa fureur.

KITZO.

Et toi, fils de Moska, couronné de souillure,
Pour venger contre nous je ne sais quelle injure,
Toi, tu viens assister à nos derniers moments?...
Vois l'incendie; entends les cris des musulmans;

Ta mère... tu l'as vue, au milieu du carnage
Elle cherche une mort digne de son courage ;
Et Zavellas et Marc, prodigues de leurs jours,
Vont succomber...

SALEM, *vivement.*

Quoi ! Marc?... Marc est donc là ?... J'y cours.
Marc, le vainqueur d'Ali ! Mais sa tâche sacrée
Fut d'aller soulever l'Épire et la Morée...
Marc est le seul espoir des chrétiens... L'imprudent
Vient s'exposer ici !... Le même sort m'attend,
Ou je le sauverai...　　(*Il sort précipitamment.*)

SCÈNE III.

KITZO, SARAH.

SARAH.

N'y croyez pas, mon père ;
Quand même il le voudrait, il est trop tard. Mon frère,
Entouré d'ennemis, accablé sous leurs coups,
Ne nous a préservés qu'en s'immolant pour nous.

KITZO, *s'asseyant, accablé.*

Et tu n'as plus d'appui !... Notre fuite est un crime ;
Salem nous livrera ; tu seras sa victime...
Ah ! j'aurais dû céder aux vœux de Zavellas...
Il serait ton époux, ton protecteur... Hélas !
Errante, sans espoir, sans secours, sans famille,
Tu n'as plus que mes pleurs.

SARAH.

Mais je suis votre fille.
Vous voir, vous consoler, est-ce donc un malheur?
Le sort dont vous parlez toucherait moins mon cœur.

KITZO.

Tu m'apprends à porter le poids de nos misères.

SARAH.

Nous atteindrons Parga, refuge de nos frères.

KITZO, *se levant.*

Sarah; je t'obéis... Mes genoux sont tremblants.

SARAH.

Je prêterai ma force à vos pas chancelants.
Hâtons-nous, profitons de ces ombres propices.

KITZO.

Tu t'arrêtes?

SARAH.

Je vois, aux bords des précipices,
De nombreux fugitifs qui marchent, haletants.

KITZO.

Serait-il vrai, ma fille?

SARAH.

Écoutez.

KITZO.

Oui, j'entends
Leurs pas...

SARAH.

Les voyez-vous? Une femme s'avance,
C'est Moska !

SCÈNE IV.

LES PRÉCÉDENTS, MOSKA, ZAVELLAS, DANIEL, FUGITIFS, etc. *Les uns soutiennent des blessés, d'autres portent des fardeaux; Daniel, une croix à la main, s'arrête sur une éminence; tous passent et s'inclinent.*

KITZO.

C'est Moska !

MOSKA, *les reconnaissant*

J'en gardais l'espérance,

Ils sont sauvés !...

TOUS, *accourant vers Kitzo.*

Sauvés !...

MOSKA, *à Zavellas.*

Oui, les voilà, mon fils.

ZAVELLAS, *se précipitant vers Sarah.*

Sarah !...

KITZO, *à Moska.*

Par quel miracle ?...

MOSKA.

Ali nous a suivis.

Le moindre bruit pouvait nous déceler dans l'ombre;

Nous avons échappé, tant la nuit était sombre;

Et, lorsque par ses pas nos pas étaient pressés,

Pour empêcher les cris on tuait les blessés;

Des enfants dont la plainte aurait trahi leurs pères
Périssaient étouffés sur le sein de leurs mères.

KITZO.

Quelle nuit !

MOSKA.

Daniel (Dieu le guidait je crois),
Daniel devant nous portait la sainte croix.

KITZO.

Vaincus et fugitifs !

ZAVELLAS.

Prêts encore à combattre.

DANIEL, *s'avançant.*

Le ciel est toujours fort, le ciel peut les abattre ;
Des miracles plus grands ont signalé ces lieux.

TOUS, *se réunissant autour de Daniel.*

Croyons-en Daniel !

SARAH.

Ange envoyé des cieux !

DANIEL.

Frères, consolez-vous ; la sainte foi nous reste,
Et Dieu nous voit toujours de la voûte céleste.
Espérons, car il veille ici comme en tout lieu.
Mes frères, l'espérance est un rayon de Dieu.
Pour le glorifier s'il faut perdre la vie,
Le martyre est toujours un sort digne d'envie.
Mais pour laver de Dieu l'autel ensanglanté,
Pour léguer à nos fils la sainte liberté,
Pour que l'amour divin qui brûle dans nos âmes

De martyrs en martyrs épanche au loin ses flammes,
Pour que le Christ, vainqueur enfin de ses vainqueurs,
Nous sanctifie un jour, nous, ses libérateurs,
Acceptons nos malheurs ; ils nous sont une gloire,
Ils nous sont ce que fut sa croix : une victoire !
Je reconnais ces bois ; dans des temps de douleurs,
La foi, jadis, ici cacha ses défenseurs.
Voilà le champ sacré des palmiers séculaires,
Voilà l'église antique où prièrent nos pères.
Allons offrir à Dieu l'encens de nos soupirs ;
Nos frères ne sont plus... Un hymne à ces martyrs !
Dieu fermera l'abîme à leurs ombres sanglantes,
Et près de son autel relèvera nos tentes.

TOUS, sortant avec Daniel.

Gloire à Dieu !

SCÈNE V.

KITZO, ZAVELLAS.

KITZO.

C'en est fait ; Marc n'est pas avec vous !

ZAVELLAS.

Marc dans nos murs en feu se bat, seul contre tous.

KITZO.

Nous aurions dû périr. Cernés sur nos montagnes,
Partout le fer d'Ali nous ferme les campagnes.

ZAVELLAS.

Il nous assiége en vain ; plus puissante que lui,
La main de Dieu nous garde un invincible appui.

KITZO.

Comment?...

ZAVELLAS.

Au fond des cœurs la foi vit, éternelle ;
Ses fils peuvent périr, mais elle est immortelle.

KITZO.

On détruit son asile, et son culte proscrit
Meurt...

ZAVELLAS.

Mais sur nos tombeaux son triomphe est écrit.
Elle prend, toujours forte et toujours plus chérie,
Au sang versé pour elle une nouvelle vie.
N'ai-je pas suivi Marc chez les Thessaliens,
Chez ceux du mont Olympe et des bords phrygiens ?
La nuit, près des foyers, réunis en silence,
Ils n'ont qu'un seul sujet d'entretien : la vengeance.
Plus ils souffrent, et plus Dieu dans le fond des cœurs
Met un espoir plus grand encor que leurs malheurs.
« La terre des héros nourrit de vils esclaves ! »
Disent-ils. « Où sont donc, peuple du Christ, tes braves ?
« Opprimés, oppresseurs, partout. Et les affronts
« Au mensonge, à l'opprobre ont façonné nos fronts.
« Leurs cruautés jamais ne seront assouvies ;
« A sillonner la terre ils épuisent nos vies ;
« D'un pain trempé de pleurs elle nous paye en vain,

« Le musulman jaloux l'arrache à notre faim.

« Hélas ! nous ne portons sur nos moissons dorées

« Que des yeux languissants, que des mains éplorées ;

« En les voyant périr sous un ciel rigoureux,

« Nous nous réjouissons ; le malheur est pour eux...»

Et nous, nous leur disions les guerres de l'Épire,

Nos revers, nos succès ; et leur foi s'en inspire,

Et de la liberté les récits séducteurs

De vengeance et d'espoir font frémir tous les cœurs.

Depuis dix ans, ici, la guerre nous dévore :

Allons les soulever ; leur ardeur nous implore...

KITZO.

Ah ! tu fais palpiter mon cœur impatient.

ZAVELLAS.

Partons. Voici le jour qui dore l'orient.

KITZO.

Que l'oppresseur pâlisse et que ton peuple espère,

Mon Dieu ! ton soleil luit, tu souris à la terre !...

Fuyons donc ; mais avant qu'à ces abris pieux

En partant pour l'exil nous laissions nos adieux,

Prépare tout ; je veux bénir ton mariage.

ZAVELLAS.

Sarah ?

KITZO.

Votre union sera le dernier gage

D'espoir pour le pays qui fut votre berceau.

ZAVELLAS.

Je cours vers Daniel.

KITZO.

Et pour un sort nouveau
Je donne un protecteur du moins à sa faiblesse.

ZAVELLAS.

Elle me tiendra lieu de tout ce que je laisse.
Hélas ! je n'osais plus prétendre à ce bonheur,
Moi, frère de Salem, moi, que son déshonneur
Poursuit...

KITZO.

Va.

ZAVELLAS.

Quelle joie à porter à ma mère !

(Il sort.)

KITZO.

Tu seras digne, toi, de la fille et du père.

SCÈNE VI.

KITZO, SALEM *s'avançant précipitamment.*

KITZO, *le reconnaissant.*

Salem !

SALEM.

Oui, pour ton fils tu me revois ici.

KITZO.

Toi ? pour mon fils ?

SALEM.

Pour Marc.

KITZO.

Ton front s'est éclairci,

Il vit !

SALEM.

De ton bonheur je jouissais d'avance...
Mais je n'apporte ici qu'une triste espérance.

KITZO.

Parle.

SALEM.

Oui, Marc est vivant. Les captifs, que le sort
Menaçait comme lui d'une inutile mort,
Chantaient de leurs cent voix l'hymne des sacrifices,
Car déjà les bourreaux assignaient les supplices ;
Mais à ma vue Ali suspendant ces apprêts :
« Tu sais de ces rochers tous les abris secrets, »
Me dit–il, et ses yeux étincelaient de joie.
« Pour traiter de leur vie, à Kitzo je t'envoie.
« A tous ces vils chrétiens Kitzo met un grand prix :
« S'il le veut, qu'il les sauve et qu'il sauve son fils.
« Va lui dire qu'il peut acheter ma clémence,
« Car les temps ne sont plus de braver ma puissance.
« Je serai généreux. Voici mon dernier vœu :
« Ou le sang de son fils, ou... sa fille. »

KITZO.

Ou qui?... Dieu !

SALEM.

Il a levé son camp. Vois-tu sur la colline
Que l'Achéloüs baigne et que ce lieu domine ,

Vois-tu les appareils de supplices dressés?
C'est Marc qui va périr.

KITZO.

Lui?

SALEM.

J'en ai dit assez
Pour que Kitzo se rende et change la sentence.
Aurais-tu préféré sa mort et mon silence?

KITZO.

Non, non, je te rends grâce... Et tu dis que c'est moi
Qui dois choisir?... mon fils ou ma fille?...

SALEM.

C'est toi.

KITZO.

Ou laisser périr Marc, ou, pour sauver le frère,
Prostituer la sœur au bourreau? moi! leur père!...

SALEM.

L'une ou l'autre.

KITZO.

Et tu dis que, pour comble d'horreur,
Des captifs, à ce prix, on me fait le sauveur?

SALEM.

Oui.

KITZO.

Malheureux! c'est toi, toi, dont l'âme blessée
Sans doute en inspira l'infernale pensée.

SALEM.

Qu'importe? les chrétiens fondent leur liberté

Sur ton fils , et ton fils doit être racheté.
J'y veille ; et s'il le faut...

KITZO.

Ah ! garde le silence.

SALEM.

J'achèverai ma tâche.

KITZO.

Et la mienne commence...

(*Il sort.*)

SALEM, *seul.*

Pour le salut de tous il va livrer Sarah...
Son cœur ne sera pas le seul qui saignera !

(*Il s'éloigne.*)

FIN DE LA PREMIÈRE PARTIE.

DEUXIÈME PARTIE.

Intérieur d'une tente ; le fond entr'ouvert laisse voir, à travers des arbres,
un horizon lointain.

SCÈNE PREMIÈRE.

ZAVELLAS, SARAH.

SARAH.

Daniel t'a choisi pour chercher notre asile.
Débris pauvre et vaincu d'un peuple qui s'exile,
Errants par les cités, dispersés sur les mers,
Trouverons-nous des cœurs touchés de nos revers ?

ZAVELLAS.

O déplorable exil !

SARAH.

Si je n'ai plus de frère,
Si la tombe entr'ouverte appelle mon vieux père,
Daniel unira nos destins malheureux,
Et confondra sur toi tout mon amour pour eux.
Aux combats, aux dangers je trouverai des charmes,

Je soutiendrai tes pas, je porterai tes armes ;
Esclave de tes vœux, ton sort sera mon sort,
Je vivrai de ta vie, et mourrai de ta mort.

ZAVELLAS.

Sarah, de mes destins tu seras le génie.
Ma bien-aimée ! à moi tu vas donc être unie,
A moi dont le bonheur, si longtemps disputé,
Me fit voir dans mon frère un rival détesté !
Un rival ? lui t'aimer ?... lui, couvert d'infamie,
Un renégat !... Son cœur n'a connu que l'envie.
C'est par la trahison que, dédaigné de toi,
Le lâche s'est vengé de ton amour pour moi.

SARAH.

Il a sauvé mon père : ah ! peux-tu le maudire?

ZAVELLAS.

Un tel bienfait ajoute à l'horreur qu'il m'inspire.
Je ne sais quel instinct me dit de t'arracher
Au refuge où ses pas sont venus te chercher.
Je bénis à présent le sort qui nous exile.
Je serai ton appui, tu seras mon asile ;
Dans l'amour, quoiqu'en vain, hélas ! nous chercherons
L'oubli des lieux chéris que nous délaisserons.
Mais que Daniel tarde !

SARAH.

            Il prie, et chacun pleure
Nos morts sans sépulture outragés à cette heure.
A leurs mânes sanglants, délaissés à jamais,
On offre l'eau sacrée et les hymnes de paix.

ZAVELLAS.

Quel départ !

SARAH.

Quels adieux à la terre natale !

ZAVELLAS.

Nous fuyons... Mais, chargés d'une douleur fatale,
Implacables proscrits, notre voix, en tout lieu,
Pour armer les chrétiens sera la voix de Dieu.

SARAH.

Nos aïeux y joindront leurs muettes prières ;
Ils quittent leurs tombeaux, comme nous nos chaumières ;
Leurs os pieusement, par nos mains ramassés,
Dans la terre d'exil, hélas ! seront versés...
Adieu donc prés fleuris, si chers à mon jeune âge !
Oliviers dont ma mère a tant aimé l'ombrage !
Adieu, patrie ! adieu... Jusque dans tes tombeaux
Ali porte, dit-on, le glaive des bourreaux...
O terre des martyrs ! sauve de sa colère,
Cache-lui le lieu saint où repose ma mère !
Beau ciel, que ta rosée y répande ses pleurs !
Je te laisse le soin de l'entourer de fleurs.

SCÈNE II.

LES PRÉCÉDENTS, MOSKA.

MOSKA.

Daniel a parlé ; sa voix, c'est l'espérance ;
Tous les cœurs ont repris leur sainte confiance ;
Plus que jamais la force est rendue aux guerriers.
Les femmes, les enfants marcheront les premiers.
Quand le ciel est serein, du haut de ces montagnes
On découvre Parga dans le fond des campagnes :
Ils pourront, si l'orage éclate avant la nuit,
Sous ses feux protecteurs y pénétrer sans bruit.
Armés et réunis pour protéger leur fuite,
Les hommes marcheront, en silence, à leur suite.
    (*A Sarah.*)
A nos frères blessés, Sarah, portez vos soins.
    (*A Zavellas.*)
Mon fils, Kitzo demande à nous voir sans témoins.
Pour t'attendre à l'autel, ton épouse chérie
Va se parer encor des fleurs de la patrie...
Belle enfant!... et Salem, un lâche renégat,
Te l'osait disputer !

SARAH.

Oubliez un ingrat,

Ma mère.

MOSKA.

Allez, ma fille.   (*Sarah sort.*)
(*A Zavellas.*)   Oui, c'est ici, loin d'elle,
Loin des regards de tous, que Kitzo nous appelle.
Il suspend le départ; il est triste et rêveur.
Daniel seul sait tout.

ZAVELLAS.

Est-ce un nouveau malheur?

MOSKA.

Il vient.

SCÈNE III.

MOSKA, KITZO, ZAVELLAS.

MOSKA.

Kitzo, des pleurs ont mouillé vos paupières.
Désespérez-vous donc du salut de vos frères?

KITZO.

Qui? moi, désespérer?... Ma fille était ici,
Son aspect m'a troublé.

ZAVELLAS.

Qui vous afflige ainsi?

KITZO, *à Zavellas.*

Mon fils! écoute. A Dieu, car Dieu c'est la patrie,
Kitzo doit ses enfants, qui sont plus que sa vie;
Et pour lui s'il fallait avec eux m'immoler,
Au-devant du martyre on me verrait voler.

ZAVELLAS.

Une si belle mort serait-elle un supplice ?

KITZO.

Mais ce Dieu me demande un plus grand sacrifice :
J'obéirai. Sa voix s'est fait entendre en moi,
Et c'est sa volonté qui m'amène vers toi.

ZAVELLAS.

Quelle est-elle ?

KITZO.

          L'Épire est vaincue et réduite :
Verra-t-on, de son sein, un peuple entier en fuite,
Chez l'étranger superbe allant traîner ses maux,
De sa froide pitié mendier des tombeaux ?
Dirons-nous : « Levez-vous, ossements de nos pères !
« Levez-vous, et suivez aux plages étrangères
« Vos fils proscrits, vos fils indignes de vos noms !
« Ils se sont résignés à d'éternels affronts.
« De cités en cités, leur race vagabonde
« De vos débris sacrés va parsemer le monde ;
« Ils n'ont plus de patrie... »

ZAVELLAS.

                    Ils la retrouveront
Chez les peuples chrétiens qui les recueilleront.
La Grèce entière est là ; prête, à nos cris de guerre
Elle va se lever. Dieu n'a pu, sur la terre,
La condamner au joug, et lui faire un devoir
D'étouffer à jamais les vœux du désespoir.
Ah ! qu'un cri soit lancé, qu'un chef l'appelle aux armes,

Elle nous vengera ; car le joug et les larmes
Dissimulent sa force , et sous de vils lambeaux
S'il se fait homme, un jour l'esclave est un héros.

MOSKA.

Oui , celui qui pouvait hâter sa délivrance,
Celui qui révéla le premier sa puissance,
Ce fut Marc... Il n'est plus !

KITZO.

Cet immense dessein
Fut médité longtemps et mûri dans son sein.

ZAVELLAS.

Déjà dans la Morée il n'a fait que paraître ,
Et de la liberté l'espoir vient d'y renaître.

MOSKA.

Marc seul pouvait atteindre au but de tant de vœux.

KITZO.

Marc seul ?... Et Zavellas n'est-il pas fait pour eux ?
Lui, l'époux de sa sœur, lui, l'ami de son père ?

ZAVELLAS.

Moi ?

KITZO.

Veux-tu réparer la honte de ton frère ?

ZAVELLAS.

Vous en doutez ?

KITZO.

J'en doute, au moment de parler.

ZAVELLAS.

Ne suis-je pas chrétien ? mon sang doit-il couler ?

KITZO.

Ah ! près du sort affreux dont la rigueur t'appelle,
La mort n'est rien.

MOSKA.

        Sa gloire en sera donc plus belle.
Parlez-lui ; c'est mon fils, c'est l'époux de Sarah :
Montrez-lui ses devoirs, il les accomplira.

KITZO.

Eh bien ! Marc est vivant.

MOSKA.

        Votre fils !

ZAVELLAS.

        Il respire?

KITZO.

Souviens-toi que c'est Dieu qui te parle et m'inspire ;
Car il faut sauver Marc. Ali m'a fait savoir
A quel prix nous pouvions remplir ce saint devoir...
Le monstre se repaît d'une pensée infâme....
Sarah n'est, après tout, qu'un enfant, qu'une femme...
Et les captifs et Marc, sans nul fruit, vont périr ?
Non, non, l'autre victime est due... il faut l'offrir.

ZAVELLAS.

Qui? Sarah ?

KITZO.

    Tu l'as dit.

MOSKA.

    Kitzo livrer sa fille?

KITZO.

La patrie a parlé, je n'ai plus de famille.

ZAVELLAS.

La patrie?... Et l'horreur n'a pas glacé vos sens?
Je cours tout révéler : ils seront impuissants
Ces vœux... Venez, ma mère.

KITZO, *les arrêtant.*

Et moi je vous commande
D'écouter jusqu'au bout ce que Dieu nous demande.
Vous avez mon secret, est-ce pour le trahir?
Je vous l'ai confié : (*à Zavellas*) tu ne dois qu'obéir.
Descends au camp d'Ali; mais seul, sans qu'on te voie;
Dis-lui qu'à son marché je souscris avec joie.
Qu'il rende les captifs, je les rachèterai.
Ma fille est leur rançon, je la lui livrerai.

ZAVELLAS.

Sarah! grand Dieu!

MOSKA.

Sarah!

KITZO.

Ne suis-je pas son père?
Ce que Kitzo fera, ne pourras-tu le faire?

MOSKA.

Un père ordonne...

KITZO.

Un père.

ZAVELLAS.

Un chrétien?...

3

KITZO.

Un chrétien.

Ces titres ont dicté mon devoir et le tien...
Le sien aussi...

ZAVELLAS.

Qui? moi, livrer celle que j'aime !
Moi, la prostituer, vous dégrader vous-même !
Moi, complice et fauteur de tant de lâcheté !...
(*A Moska.*)
O ma mère ! est-ce un songe ou la réalité ?...

MOSKA.

Quel sacrilége ! Et c'est... c'est bien votre pensée,
Kitzo, qui peut ourdir cette trame insensée ?

ZAVELLAS, *à Kitzo.*

Sarah m'appartient ; nul ne peut rompre la foi.
Du pacte consacré, par vous, entre elle et moi.
Vous ne le pouvez pas ; et si pour la reprendre
Vous osez me braver, je saurai la défendre.

KITZO.

Ainsi donc les proscrits et mon fils périront !

ZAVELLAS.

Ah ! demandez son sang, mes mains le verseront ;
Cette mort, comme à moi, lui sera précieuse.
Mais quand de notre amour elle est si glorieuse,
Et que son front, de fleurs, pour l'autel s'est paré,
A l'impudique Ali cet ange être livré ?
Par qui ? par Zavellas !... Dans le fond de votre âme,
Jugez-moi ; je serais aussi lâche qu'infâme.

MOSKA.

Tu serais plus encor.

KITZO.

Mais c'est moi, Zavellas,
Qui conduirai l'épouse arrachée à tes bras.
Cette fille du Christ restera vierge et pure,
Sa vertu te l'atteste, et...

(*La main à son poignard.*)
Kitzo te le jure.

MOSKA, *avec horreur.*

Vous !

ZAVELLAS.

Ah !... sa mort.

MOSKA.

Sa mort !

KITZO.

Je vous réponds de moi.

MOSKA.

Son père !

KITZO, *à Zavellas.*

Obéis-tu ?... me réponds-tu de toi ?

MOSKA, *s'interposant.*

Jamais. S'il obéit, je le maudis d'avance.

KITZO.

Moska...

MOSKA.

Contre vous deux, moi, je prends sa défense.
Elle est aussi ma fille...

KITZO.

Eh bien donc, prouvez-lui
Comment vous honorez votre fille aujourd'hui.
Mère, choisissez-la pour la plus grande gloire
Que puisse à nos neveux signaler notre histoire.
Qu'elle sauve l'Épire ; appelez sur son front
L'auréole des saints, les saints la conduiront.
Car, pour fléchir mon cœur, pour m'armer de ce glaive,
Pour que ma main, sur elle, avec bonheur se lève,
Ne faut-il pas que Dieu commande, agisse en moi ?
Je vous impose ici le silence.

ZAVELLAS, *à Moska.*

Je croi
Que c'est la voix de Dieu.

KITZO, *à Zavellas.*

Toi, songe à ta patrie ;
Est-il pour un chrétien une autre idolâtrie ?
Elle seule a des droits sur ton cœur, sur ton sort.
Et que deviendras-tu quand mon fils sera mort ?
T'enfuir avec Sarah ?... Sur la terre lointaine
N'emporterais-tu pas ta vengeance et ta haine ?
Quand Marc autour de vous, la nuit, viendra gémir,
Sur ta couche d'exil pourras-tu bien dormir ?
Et s'il est un repos aux plages étrangères,
Ingrat ! que deviendront les tombes de tes pères ?
Et ces lieux bien-aimés consacrés par tes pleurs,
Si chers par tes plaisirs, plus chers par tes malheurs ?..
De t'exiler au loin aurais-tu le courage ?

Non. Tu préférerais le plus rude esclavage ;
C'est mon cœur qui me parle, il est l'écho du tien.
Il vaut mille fois mieux, martyr du nom chrétien,
Mourir pour la patrie au milieu des souffrances,
Que de porter au loin des pleurs sans espérances...
Marc libre, allez combattre, et revenez vainqueurs ;
Nous périrons vengés, laissant de tels vengeurs.
Ne pleure pas mon sort ni celui de ma fille,
Zavellas ! Quand je t'ai reçu dans ma famille,
En repoussant Salem, j'ai dû trouver en toi
La force et la vertu que je sentais en moi ;
Sinon...

ZAVELLAS, *se jetant dans les bras de Kitzo.*

Je pars.

(Il sort.)

SCÈNE IV.

KITZO, MOSKA, PUIS SALEM.

KITZO.

O ciel ! achève ton ouvrage ;
Soutiens, soutiens ma force et double son courage !

MOSKA.

Il est parti. Vos sens se troublent... vous pleurez...
Quel sacrifice !... Oh ! non, vous le rappellerez.

KITZO.

Des pleurs ?... Non, ce n'est rien. Mais je dois tout vous dire :

Celui qui vint m'offrir la palme du martyre,
Messager moins d'Ali sans doute que de Dieu,
Celui qui m'ordonna, qui m'inspira le vœu
D'aller livrer la sœur pour racheter le frère,
Ce fut Salem.

MOSKA.

Salem?... Ah ! croyez-en sa mère,
Dans quelque piége horrible il vous a fait tomber.

KITZO.

Repentant, à mes pieds son front vint se courber.

MOSKA.

Ce n'est qu'une imposture. Un frère qu'il abhorre,
Que sans doute il veut perdre... Il en est temps encore :
Rappelons Zavellas, courons...

SALEM, *l'arrétant.*

Vous n'irez pas.

MOSKA, *le reconnaissant.*

Toi !

SALEM.

Moi-même. Il est loin. Encore quelques pas ;
Et si Sarah ne va racheter les victimes,
Vous ajoutez la mort de mon frère à mes crimes.

MOSKA.

Que dis-tu ? quel sourire infernal...

SALEM.

J'ai donc pu
Rompre ce mariage ! Enfin, il est rompu
Pour jamais !... Nul de nous ne l'aura pour épouse !

MOSKA.

Traître !

KITZO, *à Salem*.

M'as-tu trompé ?

SALEM.

Non. Ma haine jalouse
N'a rien fait dont mon front doive rougir ici.

MOSKA.

Toi ! quand de son malheur tu t'applaudis ainsi !

SALEM.

Qu'importe son malheur? c'est en Marc qu'on espère,
Non en lui.

MOSKA.

Mais Sarah ! Sarah !... Salem préfère
La voir aux bras d'Ali?

SALEM.

Non. Dans les bras de Dieu
(*A Kitzo.*)
Vous la suivrez... Sauvez Marc.

KITZO.

J'irai.

SALEM.

Dans ce lieu,
Aux mains des fugitifs, moi, je reste en otage.
Je consens à subir leur vengeance et leur rage ;
Qu'un supplice inouï me dévoue au trépas,
Si je trompe vos vœux, si Marc ne revient pas.

SCÈNE V.

LES PRÉCÉDENTS, DANIEL.

DANIEL.

Kitzo, ta fille vient.

KITZO.

Je suis prêt.

SALEM, *à Daniel.*

Un coupable

Est à vos pieds

DANIEL.

C'est vous?

SALEM.

Le repentir m'accable.

J'ai voulu racheter le passé.

DANIEL.

Daniel

N'absoudra pas Salem. Ton juge est dans le ciel.

MOSKA.

Voici Sarah.

DANIEL, *à Kitzo.*

Que Dieu te soutienne!

SALEM, *à Moska.*

Sa vue

M'est horrible; fuyons.

(*Il l'entraîne.*)

MOSKA.

Hélas !

KITZO.

L'heure est venue.

DANIEL, *sortant avec Moska et Salem.*

Prions pour eux.

SCÈNE VI.

KITZO, SARAH *couronnée de fleurs.*

SARAH.

D'horreur tous mes sens sont troublés ;
J'ai vu nos ennemis dans la plaine assemblés.
Du haut de ces rochers, on compterait sans peine
Les captifs qu'au supplice, avec insulte, on traîne.
Chargé de fers, l'un d'eux riait à ses tyrans ;
Sans doute on le réserve aux tourments les plus grands,
Et je l'ai reconnu.

KITZO.

Qui, ma fille ?

SARAH.

Mon frère,
Marc, il vivait ; et nous, nous le pleurions, mon père.
Ah ! que n'a-t-il péri plutôt en combattant !
C'en est fait, nous fuyons, et le trépas l'attend.
Malheureux ! c'est à nous qu'il devra son supplice.

KITZO.

On n'achèvera pas l'horrible sacrifice,
Ma fille. Zavellas sans doute est arrivé,
Il a parlé, promis, et ton frère est sauvé.

SARAH.

Sauvé par Zavellas?... Ah! que viens-je d'entendre?
Mais à ce dévouement nous devions nous attendre...

KITZO.

C'est toi, Sarah, c'est toi qui sauveras leurs jours.

SARAH.

Se peut-il?... moi? ma mort?... Qu'on m'appelle, j'y cours.

KITZO.

Ton front s'était paré de fleurs pour l'hyménée...
Pour le martyre ainsi, la tête couronnée,
Les saints choisis de Dieu, rappelés dans ses bras,
S'avançaient au triomphe en marchant au trépas.

SARAH.

Et pour votre Sarah cette gloire s'apprête?

KITZO.

Ma fille!. dans mes bras viens reposer ta tête;
Que ton vieux père encor te presse sur son sein.

SARAH.

Mon père!

KITZO.

Un jour de plus, qu'est-ce dans le destin?
Vainement du bonheur on garde l'espérance;
Pour l'homme, c'est au ciel que le bonheur commence.
Sa première vertu, ma fille, est de souffrir.

Sa gloire... il est chrétien, chrétien il doit mourir.

SARAH.

Mon père, vous pleurez, votre bouche soupire :
Ah ! sur la mienne encor vous voyez le sourire.
Vous parlez de bonheur : par vous, par Zavellas,
J'ai su qu'il est encor du bonheur ici-bas.
Qu'avais-je à désirer dans les bras de mon père ?
Je possédais l'amour d'un époux et d'un frère ;
Pour eux seuls je vivais... S'il faut mourir pour eux,
Je ne me plaindrai pas de ce sort rigoureux.

KITZO.

A ton frère, aux captifs, la vie est accordée ;
Mais, pour prix de leur sang, Ali t'a demandée,
Ma fille. J'ai promis, je te livre aujourd'hui.

SARAH.

Moi !

KITZO.

Zavellas en est le gage ; auprès de lui
Zavellas s'est rendu, par mon ordre suprême,
Pour répondre de toi.

SARAH.

Lui ?... S'immoler lui-même ?
Le malheureux ! aller me donner au vainqueur !
Se faire mon bourreau ! détruire son bonheur !
Et moi... moi...

KITZO.

Tu feras, sainte comme ta mère,
Pure, fidèle à Dieu, tout ce que tu dois faire,

Ma fille. Au camp d'Ali j'accompagne tes pas ;
Allons !... Ce fer...

SARAH.

Ce fer?...

KITZO.

Ne nous quittera pas.

SARAH.

Je vous comprends... Mon Dieu! que ta loi s'accomplisse!

(*Elle tombe à genoux.*)

KITZO, *appelant Daniel.*

Venez, prêtre chrétien, bénir le sacrifice.

SCÈNE VII.

LES PRÉCÉDENTS, DANIEL.

DANIEL, *imposant les mains à Sarah.*

Il vous attend ce Dieu ; c'est par de faibles mains
Que toujours son pouvoir se révèle aux humains.
Au delà de ce monde il garde à l'innocence
Un bonheur éternel, pour un jour de souffrance.
Son fils n'est-il pas mort pour le monde chrétien ?
Vous donnez votre sang comme il donna le sien.
Allez, du Dieu vivant célébrant les louanges,
Vous asseoir, radieuse, au trône de ses anges ;
Sur vous, sur vos vengeurs la patrie a les yeux...
Que dis-je?... la patrie!... elle est pour vous aux cieux.
Allez ; mais en martyre, et non pas en victime.

SARAH, *se relevant.*

Que ta grâce, ô mon Dieu, me pénètre et m'anime !
(*Elle se jette dans les bras de son père, qui
l'entraîne.*)

SCÈNE VIII.

DANIEL, MOSKA, SALEM.
(*Daniel suit Kitzo, et s'arrête en dehors de la tente.*)

SALEM, *les suivant des yeux.*
Elle obéit !... (*Il couvre son visage de ses mains.*)

MOSKA.
Des pleurs?... Salem, te repens-tu?
Est-ce en toi le remords qui parle, ou la vertu?

SALEM, *avec douleur.*
Sa tête s'offre, et moi je fais tomber la hache !...
Sarah !... Sarah !

MOSKA.
Ce crime est le crime d'un lâche.

SALEM.
Lâcheté, crime !... Eh bien, ce frère que je hais...
En arrêtant les pas de Kitzo, je pourrais
La sauver, et laisser Ali frapper ce frère...
Ah ! la tentation en est grande, ma mère...
(*Il fait quelques pas.*)

MOSKA, *à Daniel.*
Daniel, retenez le traître.

DANIEL, *ramenant Salem.*

　　　　　　Ainsi, c'est toi
Qui nous réponds de Marc et de Zavellas?

SALEM.

　　　　　　　　Moi.

DANIEL.

Et si le fer d'Ali devant eux ne s'arrête,
Es-tu prêt? Pour du sang, du sang.

SALEM.

　　　　　　Voici ma tête.

DANIEL.

Sublime criminel! ah! dis vrai... par nous tous
Tu resteras haï, mais tu seras absous.

FIN DE LA DEUXIÈME PARTIE.

TROISIÈME PARTIE.

Un bois de palmiers ; au fond, sur des rochers, une église antique ; précipice à côté.

SCÈNE PREMIÈRE.

DANIEL, SALEM *enchaîné*, MOSKA, SOLDATS, FEMMES, ENFANTS, etc.

MOSKA, *aux hommes qui entourent Salem.*
N'écoutez rien ; sa voix est vouée au mensonge.
Ne voyez que le deuil où son crime nous plonge ;
Sacrifiez ce fils, je le renie ici.
TOUS, *avec menaces.*
Qu'il périsse !
DANIEL, *les contenant.*
Arrêtez ! Pour condamner ainsi,
L'instant n'est pas venu.
MOSKA.
Bourreau de sa famille,
Qu'a-t-il fait de Kitzo ? qu'a-t-il fait de sa fille,
De mon fils bien-aimé ?

SALEM, *calme.*

Je vous l'ai déjà dit;
Les supplices sont prêts pour votre fils maudit,
On veille ici sur moi; chacun pour la victime
A le choix des tourments; mais attendez le crime.

MOSKA.

Attendre?... En croirez-vous le lâche et l'imposteur?
Zavellas et Kitzo, trompés dans leur candeur,
Sont allés se livrer; sur sa foi mensongère,
Sarah s'est immolée, et croit sauver sonfrère...
N'attendez pas qu'Ali le dérobe à vos coups;
Frappez.

DANIEL, *s'interposant.*

Je le défends; il est sacré pour tous.

SALEM.

Zavellas reviendra; s'il faut un sacrifice,
Que chacun comme lui, comme moi, l'accomplisse.

MOSKA.

Il blasphème.

SALEM.

Par tous ce devoir supporté
Hâtera pour chacun l'œuvre de liberté.

MOSKA.

Daniel, pouvez-vous l'entendre sans colère?

SALEM *se retournant, avec exaltation.*

Voyez!

(*Zavellas et Marc, entourés des captifs délivrés,
paraissent sur les rochers; Marc est soutenu par*

les siens, et semble absorbé dans sa douleur; il s'ar-
rête; Zavellas seul s'avance.)

SCÈNE II.

Les précédents, ZAVELLAS, MARC, les captifs.

DANIEL.

Ils sont sauvés !

ZAVELLAS ; *il accourt, son trouble est extrême ; il se*
précipite, en pleurs, dans les bras de Moska.

O ma mère ! ma mère !

MOSKA.

Toi, mon fils !... c'est bien toi ?... tu vis...

ZAVELLAS.

O jour affreux !
Je reviens, je l'ai dû ; j'ai pu vivre sans eux !...
Hélas ! Marc ignorait leur dévouement sublime ;
Avec lui, de ces monts nous gravissions la cime ;
Il nous disait d'Ali le pardon généreux ;
Nos frères délivrés s'applaudissaient entre eux :
Quand nous vîmes soudain, aux regards de l'armée,
Le vieillard embrasser sa fille bien-aimée,
Aux pieds d'Ali sanglante et morte la jeter,
Et, menacé par lui, du rire l'insulter.
Puis, nous suivant des yeux, plein d'un espoir suprême,
En nous montrant le ciel, il s'est frappé lui-même.

Marc ne se contient plus ; l'horreur trouble ses sens ;
Il m'accuse, il éclate en discours offensants.
Ah ! suis-je donc coupable ?

(*Il pleure.*)

DANIEL.

Innocente victime !

Ta vertu s'agrandit, mesurée à ton crime...
Et Marc nous est rendu ! Qu'il vienne ; honneur à lui !
C'est le sauveur que Dieu nous envoie aujourd'hui.
Mais ni transports ni joie : au chagrin qui l'accable
Ne mêlons que des pleurs.

ZAVELLAS, *à ceux qui l'entourent.*

Dites, suis-je coupable ?

MOSKA.

Tu n'es que malheureux, mon fils.

ZAVELLAS, *montrant Marc qui s'approche.*

Jamais, jamais

Il ne pourra me voir sans haine désormais.
Nous l'avons désarmé ; ses mains, de sang avides,
Sur lui-même tournaient ses armes homicides.

(*A Marc.*)

Mon frère, daigne au moins lever les yeux sur moi.
Me repousseras-tu, quand je n'ai plus que toi ?

MARC.

Frère ?... Quel est celui qui me nomme son frère ?...
C'est vous ?... vous le bourreau de ma sœur, de mon père...
Si ce titre sacré fut jamais entre nous,
Je le reprends... Infâme ! il est bien fait pour vous !...

Il ne me restait plus, pour dernière misère,
Que ce sanglant affront !... Lui, mon frère ! mon frère !
Misérable !...

(*A ceux qui le retiennent.*)
Pourquoi retenez-vous mon bras ?
Mes armes ! Le voilà, l'auteur de leur trépas...
Mes armes !

ZAVELLAS.

De mon sang tes mains sont altérées
Prends ce fer ; je me livre à ces mains égarées.
Tu veux ma mort ? prends, dis-je. Ah ! quel bienfait pour moi
De mourir de ta main !... Punis-moi, venge-toi ;
Frappe. Mais garde-toi d'attenter à ta vie,
Car ils l'ont consacrée ; elle est à la patrie.
Pour te sauver, Kitzo s'immolait ; et j'ai dû
A sa vertu sublime égaler ma vertu.
Je l'ai fait. Si tes pleurs veulent une victime,
Où j'ai vu le devoir si tu ne vois qu'un crime,
Me voilà, punis-moi, contente ta douleur ;
Mais que du moins mon sang leur rende leur sauveur.

(*Aux assistants.*)
Livrez-moi ; que ma mort apaise sa colère.

MARC.

Faut-il encor le voir et l'entendre ?

ZAVELLAS, *s'éloignant de lui.*

O ma mère !

MARC.

Le lâche ! Loin de moi chassez-le, par pitié !

ZAVELLAS.

Pour lui j'ai tout perdu, j'ai tout sacrifié,
Je n'ai plus rien au monde ; et c'est lui qui m'outrage !

MOSKA, *à Daniel.*

Leur désespoir m'effraye, et brise mon courage.

DANIEL, *à Moska.*

Entraînez Zavellas ; il faut les séparer :
Sa présence l'irrite, et pourrait l'égarer.

MOSKA, *à Zavellas.*

Viens avec moi, mon fils.

ZAVELLAS.

           Je suis bien misérable !

MOSKA.

Viens implorer de Dieu le pardon secourable.

SALEM, *surgissant devant Zavellas.*

Me connais-tu ?

ZAVELLAS, *reconnaissant Salem.*

          Salem !... Salem !... Le voyez-vous ?

SALEM.

Salem se venge. Eh bien ! qui l'emporte de nous,
Frère ?... Sarah n'est plus. Insensé ! dans ton rêve,
Tu croyais posséder Sarah, moi vivant ?... Lève,
Lève tes yeux, et vois Salem qui la reprend
Dans tes bras, pour sauver Marc que Salem vous rend.

ZAVELLAS.

Toi ?... Kitzo... tu vins donc lui demander sa fille ?

SALEM.

Moi-même. Ils ne sont plus... mais la grande famille,

C'est l'Épire ; et leur perte était vile à mes yeux,
Dès qu'il fallait hâter ses destins glorieux,
Et de tous mes malheurs te punir.

(Il disparaît dans la foule.)

ZAVELLAS.

Oh ! le traître !

Je le retrouverai.

(Sa mère l'entraîne.)

SCÈNE III.

DANIEL, MARC ; *foule autour d'eux, à distance.*

DANIEL , *à Marc.*

Peux-tu nous méconnaître,
Mon fils ? Nous partageons tes pleurs : tu les leur dois ;
Mais tu leur dois vengeance aussi. Quel est ton choix ?
Attendras-tu qu'Ali, nous livrant aux supplices,
Nous enlève le fruit de tant de sacrifices ?
Lorsque c'est en toi seul que l'on peut espérer,
Hélas ! nous dirons-nous : Marc ne sait que pleurer ?

MARC.

Me reprocherez-vous mes pleurs ?

DANIEL.

Dans ta souffrance,
Vois-tu le doigt de Dieu ? Marc, leur sainte vengeance
T'impose des devoirs mesurés à tes maux.

Dieu, qui par le malheur enfante les héros,
T'appelle, et voue au Christ, par ces ombres glacées,
Tes pas, tes jours, tes nuits, et toutes tes pensées.
Lève-toi. De ces pleurs ne mouille plus tes mains,
Trempe-les dans le sang; Dieu t'ouvre les chemins.
Ce sombre désespoir dans ton sein doit descendre,
Caché sous des yeux secs, comme un feu sous la cendre.
La vengeance viendra; mais crains de la hâter.
Dans le calme et la nuit sache la méditer,
Laisse-la se mûrir; fais naître un jour prospère,
Et qu'elle éclate alors... mais digne de ton père!
Que ta colère alors, de vengeurs en vengeurs,
Comme un vaste incendie embrase tous les cœurs.
Alors tu pleureras, tes pleurs seront fertiles;
Mais jusque-là, mon fils, point de larmes stériles;
Et que ce désespoir, en secret dévoré,
Soit celui des grands cœurs, ardent, mais ignoré.

MARC.

Attendre!...

DANIEL.

Le présent est rempli de souffrance;
Mais l'avenir est là, rayonnant d'espérance...

MARC.

Et pour toujours perdus! arrachés de mes bras
Pour toujours!

DANIEL.

Non, mon fils, non; tu les reverras

Au ciel... Pars! tu te dois à l'Épire asservie :
Son triomphe est-il donc trop payé de leur vie?
Relève ce front morne et ces yeux abattus.
Va, les grandes douleurs font les grandes vertus.

SCÈNE IV.

LES PRÉCÉDENTS, ZAVELLAS, MOSKA.

DANIEL, *à Marc.*

Vois Zavellas ; son âme a repris sa puissance,
Il sait se vaincre, lui. S'il cherche ta présence,
S'il t'apporte ses soins...

MARC, *avec résolution.*

Ils seront superflus...
Mon père, il peut venir : je ne pleurerai plus.
(*A Zavellas.*)
Zavellas, permets-tu que j'embrasse mon frère?

ZAVELLAS, *se jetant dans les bras de Marc.*

Viens, je te tiendrai lieu d'une sœur et d'un père.
Pour toi je leur survis, ma vie est toute à toi.

MARC.

Et l'amour de ma sœur te répondra de moi.
Partons donc ; nous saurons, grandis par l'infortune,
Rendre à tous les chrétiens notre cause commune.
Soulevons la Morée ; à nous le saint devoir
De faire agir enfin son muet désespoir.

Guerre ! guerre implacable ! à nous, libres et braves,
De changer en héros ses légions d'esclaves.

SCÈNE V.

LES PRÉCÉDENTS, SALEM *accourant.*

SALEM.

Que tardez-vous ? Déjà s'avancent les spahis ;
L'éclair de leur armure au loin les a trahis.

ZAVELLAS.

Partons.

MARC.

Gagnons Parga.

SALEM.

La route en est fermée ;
Ali sur tous les points a posté son armée.

MARC.

Pour en percer les rangs les bras ne manquent pas.

SALEM.

Mais si les combattants ralentissent leurs pas
Pour sauver des enfants, des épouses, des mères,
Tous périront.

MOSKA *et les femmes.*

Partez sans nous ; armez nos frères.

ZAVELLAS.

Ou succombons ensemble, ou fuyez avec nous.

DANIEL.

Vouloir tous échapper, c'est vouloir périr tous.
Que pourraient des blessés, des enfants et des femmes?
Oui, le feu du courage anime encor leurs âmes;
Mais s'il est un triomphe au-devant de leurs pas,
C'est celui du martyre et non ceux des combats.
Notre mort seule encor peut servir la patrie;
Mais vous, vous lui devez vos bras et votre vie.

(*En montrant à Marc les hommes armés.*)

Voici tes combattants, Marc; •

(*En montrant les femmes et les vieillards.*)

Et voici les miens.

Dieu le veut.

TOUS.

Dieu le veut!

MARC, *les yeux levés vers le ciel.*

Vers les peuples chrétiens,
Kitzo! Sarah! j'entends votre voix qui m'appelle,
J'obéis.

(*A Daniel et à Moska.*)

Adieu donc... Votre mort sera belle,
Et vengée.

TOUS.

Adieu !

MARC, *aux hommes.*

Vous, hommes qui m'écoutez,
N'ayez plus de regards pour ceux que vous quittez.
Nos épouses, nos fils ne sont plus.

(Il prend la croix que Daniel lui présente, et
l'élève.)

                                        Il ne reste
D'eux, pour nous, désormais, que ce signe céleste.
Daniel le remet aux mains de leurs vengeurs;
Armez-vous... C'est par lui que nous serons vainqueurs!

                        (Il parcourt les rangs.)

SALEM, *avec exaltation.*

O ma mère !

MOSKA.

A t'aimer je balance, incertaine...
Salem, te devra-t-on de l'amour, de la haine?...
Crime ou vertu, pour prix de l'un ou l'autre sort,
Tu resteras ici : je t'impose la mort.

SALEM.

(A Marc.) (A Zavellas.)
Adieu. Mais toi, tu pars... Ton pardon!... je l'espère...
Pardonne.

ZAVELLAS, *le repoussant.*
Je te voue au mépris !

MOSKA, *à Zavellas.*

                                        Pour ton frère
Je te demande grâce; il va mourir, hélas !
Pardonne-lui.

ZAVELLAS, *tendant la main à Salem.*
Mon frère !

MOSKA, *tenant ses fils embrassés.*
                                        O mes fils !

MARC, *à Zavellas, en l'arrachant des bras de*
sa mère.

Zavellas,

A mes côtés ; c'est nous qui leur ferons passage.
(*Élevant la croix.*)
O Christ ! le désespoir fait plus que le courage...
(*Aux hommes.*)
Suivez-nous. Gloire à Dieu qui va nous secourir !
Car il s'agit de vaincre et non pas de mourir !

TOUS, *en sortant.*

Gloire à Dieu !
(*Ils sortent; Marc est à leur tête, la croix à la main.*)

SCÈNE VI.

DANIEL, MOSKA, SALEM, FEMMES, VIEILLARDS,
ENFANTS.

(*Moska et quelques femmes montent sur les ro-*
chers, et paraissent suivre des yeux ceux qui
sont partis.)

DANIEL.

C'en est fait ; point de cris, point de larmes.
Nous n'avons plus d'espoir, n'ayons donc plus d'alarmes.
Salem, tu vas paraître en face du Très-Haut :
De tes iniquités dépose le fardeau ;
Que Dieu prenne en pitié ton âme repentante.

SALEM.

Devant son jugement je suis sans épouvante.
Tant que d'un renégat la honte fut sur moi,
La résignation a redoublé ma foi.
Un malheur me chassa des lieux qui m'ont vu naître ;
Si j'ai pris le turban, sous le masque d'un traître,
Peut-être en ce moment pouvez-vous démêler
Tout le bien que j'ai fait, et que j'ai dû celer.
Mais renier son Dieu, c'est le crime des lâches :
Si mon front est souillé, je porte un cœur sans taches...

(Il montre une croix cachée dans son sein.)

Jamais, jusqu'à ce jour, ce signe révéré
Par vous-même bénit ne s'en est séparé.
Lui seul m'a consolé dans ma honte passée.

DANIEL.

Que le Seigneur t'entende, et juge ta pensée !

MOSKA, *accourant.*

Mes sœurs, voici l'instant de marcher à la mort.
Nos époux et nos fils sont sauvés. Le Dieu fort
Dans les rangs ennemis a frayé leur issue.
Nos regards, vers Parga, les ont perdus de vue.
Comme le feu du ciel par le Seigneur lancé,
Sur les tentes d'Ali, vainqueurs, ils ont passé.
Mais Ali vient ; de sang ses mains sont altérées.
Verra-t-on, dans son camp, nos têtes arborées
Attester son triomphe et réjouir ses yeux ?
Non, enlaçons nos mains ; qu'il n'arrive en ces lieux
Que pour nous voir, chantant Dieu du haut de ces cimes,

Tous nous précipiter dans le fond des abîmes.

TOUS.

Marchons ! marchons !

SALEM.

C'est moi qui conduirai vos pas.

DANIEL, *à Moska*.

Mère, j'absous ton fils ; reçois-le dans tes bras.

MOSKA, *ouvrant ses bras à Salem*.

Viens ; une belle mort purifiera ta vie.
Dieu te pardonnera.

SALEM.

Patrie ! adieu.

TOUS.

Patrie !
Adieu.

DANIEL.

Quand l'homme touche à son dernier instant,
Il doit ouvrir son âme au Seigneur qui l'attend.
A genoux ! et prions.

(*Tous se mettent à genoux autour de Daniel.*)

Que ta loi s'accomplisse,
Mon Dieu ! que ta clémence égale ta justice !
Épargne nos bourreaux ; la gloire du chrétien,
Pour le mal qu'on lui fait, est de rendre le bien.
Homme, ressouviens-toi de ta source première ;
Rentre dans le néant d'où sortit ta poussière.
Martyrs ! je vois déjà rayonner sur vos fronts
L'auréole des saints que nous égalerons.

Dieu, qui pour son triomphe a permis nos misères,
Par ma voix vous absout. Je vous bénis, mes frères!
Notre mort est un hymne éternel en ce lieu.
L'abîme, c'est le ciel!

    TOUS, *se levant, et courant vers le précipice.*

                Gloire à Dieu! gloire à Dieu!

(Ils montent sur les rochers, d'où on les voit se pré-
cipiter. Les soldats musulmans entrent en foule,
et déchargent leurs carabines dans le gouffre.)

FIN DES CHRÉTIENS D'ORIENT.